LA FÉE DES BRUYÈRES

Opéra comique en trois actes

DE *** ET M. JULES ADENIS

MUSIQUE DE

M. Samuel DAVID

Représenté à Bruxelles en 1878, sur le Théâtre des Fantaisies-Parisiennes

(Direction HUMBERT)

ET

à Paris, sur le Théâtre-Lyrique du Château-d'Eau, en juillet 1880

(Direction G. LEROY)

PARIS

EN VENTE : AU THÉATRE DU CHATEAU-D'EAU

ET CHEZ BARBRÉ, ÉDITEUR

12, BOULEVARD SAINT-MARTIN, 12

1880

PERSONNAGES

RÉNÉ DE MAULÉON	MM. CHARELLI
Le Vicomte GASTON DE KERVAN, fiancé de la Duchesse .	PAUL GINET
SATURNIN, jardinier de la Duchesse.	SAINT-JEAN
GRÉGORIO, chef de contrebandiers espagnols	DURAT
JOSUÉ, son lieutenant	VANDAMME
La Duchesse de KERVAN. . .	Mmes MARGUERITE NAU
SUZANNE, sa caméristé. . . .	COTTIN

PAYSANS, PAYSANNES, CONTREBANDIERS ESPAGNOLS

La scène se passe dans les Basses-Pyrénées entre Bayonne et Espelette, au commencement du siècle dernier.

LA

FÉE DES BRUYÈRES

Opéra-Comique en trois actes

PARIS. — IMPRIMERIE DE E. PERREAU

39-41, passage du Grand-Cerf, 39-41

LA

FÉE DES BRUYÈRES

ACTE PREMIER

Un site pittoresque, chaud et coloré, dans les Pyrénées, représentant le plateau de la colline sur laquelle est située la grotte des bruyères ; cette grotte, que l'on aperçoit au fond, est formée par un groupe de rochers entourés de plantes parasites et de bruyères qui ont poussé dans les anfractuosités. Elle est praticable, exhaussée de quelques marches, et l'entrée se dessine en cintre de fleurs. — Au premier plan, des arbres, un banc et des allées latérales.

SCÈNE PREMIÈRE

PAYSANS, PAYSANNES, puis SUZANNE. (*Ils se reposent du travail et sont groupés de diverses façons.*)

INTRODUCTION

CHŒUR.

Sous ce riant et frais ombrage
Délassons-nous de nos travaux,
Car rien ne donne du courage
Comme un instant de doux repos.

SUZANNE, *arrivant par la droite.*

Bonjour, mes bons amis; madame la duchesse,
Ma jeune et charmante maîtresse,
A vous m'adresse pour savoir
Si la fête aux bouquets doit avoir lieu ce soir ?

LES FEMMES.

Oui, les fillettes du village
Viendront par un bouquet pareil
A la Fée offrir leur hommage
Ce soir, au coucher du soleil.

SUZANNE.

La Duchesse veut assister
A toute la cérémonie.

LES FILLES.

Voudrait-elle nous imiter
Car on dit qu'elle se marie ?

SUZANNE, *riant.*

Ma foi, je n'en sais rien,
Mais je ne crois pas qu'une veuve
S'avise de tenter l'épreuve...

LES FILLES, *riant.*

Elle est veuve ! alors pas moyen !
Et vous ?

SUZANNE, *de même.*

Moi, je suis... demoiselle
Mais pourtant à l'amour je ne suis pas rebelle
Et j'attends pour m'humaniser
Un amoureux qui m'aime assez pour m'épouser.

LES FILLES.

Alors pour que la Fée aujourd'hui vous protège
Et vous envoie un épouseur,
Il faut venir ce soir et vous joindre au cortège,
Aux amours ça porte bonheur !

SUZANNE.

Quoi ! vraiment ?... ça porte bonheur ?

TOUTES.

Aux amours ça porte bonheur.

SUZANNE.

Puisque tout le monde l'assure
Je veux bien tenter l'aventure
Et je vous suivrai de bon cœur.
Ainsi donc, à ce soir.

TOUTES.

Au revoir,
A ce soir !

Reprise du chœur.

(Puis hommes et femmes s'éloignent dans différentes directions).

SCÈNE II

SUZANNE, seule, puis SATURNIN

SUZANNE, *regardant autour d'elle.*

« Tu sortiras par la petite porte du parc, m'a dit « madame, celle qui est près de la maison du garde, et tu « m'attendras au rond-point de l'ermitage ! »

SATURNIN, *accourant au fond.*

C'est elle ! je ne m'étais pas trompé.

SUZANNE, *se retournant.*

Quelqu'un !... Tiens, c'est vous, m'sieu Saturnin ?

SATURNIN.

C'est moi, m'sieu Saturnin... oui, mamz'elle.

SUZANNE, *inquiète.*

Si vous avez à me parler, dites vite !
Madame va venir, et si elle me trouvait seule, avec vous... dans la forêt... ça pourrait me compromettre.

SATURNIN, *avec passion.*

Ça m'est égal !

SUZANNE

Hein ? plait-il ?

SATURNIN, *de même.*

Eh ! bien oui, mamz'elle Suzanne... depuis un mois que vous êtes venue, ici, avec madame la Duchesse, je ne suis plus le même. Tenez, je me suis fait peser avant hier, et j'ai maigri de trois livres depuis la Saint-Jean.

SUZANNE, *minaudant.*

Mais, m'sieu Saturnin, c'est une déclaration d'amour ça?

SATURNIN.

Mais je crois bien ! Si c'était pas une déclaration, qu'est-ce que ça serait donc ?

SUZANNE.

Eh bien ?... que voulez-vous que j'en fasse ?

SATURNIN.

Ce que je veux... mais que vous demandiez à madame la Duchesse la permission que je sois votre amoureux d'abord... et votre mari ensuite. Oh ! le plus tôt possible ! le plus tôt possible !!!

SUZANNE.

Comme vous y allez !

SATURNIN.

Elle comprendra bien ça, elle qui va épouser son cousin M. Gaston de Kervan.

SUZANNE.

Chût !... si l'on vous entendait.

SATURNIN, *bas.*

C'est donc pas vrai ?

SUZANNE.

Mais si ! puisque madame l'a juré à feu m'sieu le Duc, son premier mari... qui avait été si bon pour elle... je le vois encore avec ses grands cheveux... tout blancs !

SATURNIN.

Un vieux ?

SUZANNE.

Très vieux ! qui aurait pu être quatre fois son père.

SATURNIN.

Tant de fois que ça ?

SUZANNE.

Oh ! ce mariage-là... c'est tout une histoire :
Le Duc de Kervan... un ancien général du roi, avait un neveu qu'il adorait. Mais, comme ça se voit souvent, ce neveu, m'sieu Gaston, lui faisait les cent dix neuf coups ! A chaque escapade : « je te deshériterai » lui disait son oncle.

SATURNIN.

Son oncle ? Le vieux Duc ?

SUZANNE.

Oui. Et cependant il n'en faisait rien.
Mais, voilà qu'un beau jour, m'sieu Gaston s'amourache d'une danseuse de l'Opéra... et l'épouse.

SATURNIN, *indigné.*

Oh ! quelle mésalliance !

SUZANNE.

Ça a été le coup de grâce, et le vieux Duc, alors, n'en a fait ni une ni deux : à son tour, et malgré son âge, il a épousé la fille d'un gentilhomme de ses amis qui était pauvre, laissant tous ses biens à sa femme par contrat de mariage.

SATURNIN.

Et c'est le neveu qui n'a pas dû être content !

SUZANNE.

D'autant moins que la danseuse, de son côté... lui en faisait voir... de toutes les couleurs. Elle lui en a fait tant et tant, qu'à la fin le vieux Duc a trouvé m'sieu Gaston assez puni et qu'il lui a pardonné. Et comme, il y a deux ans, m'sieu Gaston était devenu veuf... en sentant sa fin approcher, le vieux Duc a dit à sa femme : « Je vous laisse « cent mille livres de rentes ; mon château des Pyrénées,

« mon manoir de par ci, ma terre de par là, mais jurez-
« moi, m'ame la Duchesse, que cette fortune, vous la par-
» tagerez avec mon neveu, en l'épousant ?... » Hein? est-ce que vous auriez eu le cœur de refuser, vous ?

SATURNIN, *attendri.*

Oh ! non ! on ne peut pas refuser autant de châteaux et autant de terres que ça !

SUZANNE.

Ecoutez ? Il m'a semblé entendre... (*elle regarde à droite*) Allez vous-en !

SATURNIN.

Oui ! Pour lors, mam'zelle Suzanne, puisque ma déclaration ne vous a pas déplu, est-ce que vous seriez assez bonne pour aller, ce soir, porter à la Fée une branche de bruyère, à mon intention !

SUZANNE.

Mais... peut-être bien.

SATURNIN, *avec joie.*

Vrai ! bien vrai ! Et... vous irez... mais là... avec confiance ?

SUZANNE, *avec hauteur.*

Plait-il ? comment l'entendez-vous ?

SATURNIN, *hésitant.*

Dam... c'est que... quelquefois... les demoiselles qui arrivent de Paris...

SUZANNE, *avec dignité.*

Les demoiselles qui arrivent de Paris, monsieur Saturnin, peuvent aller porter leurs bruyères comme les autres !

SATURNIN.

Oh ! merci ! merci !

SUZANNE.

Maintenant, partez vite !

SATURNIN.

Oh ! encore un moment ?

SUZANNE.

Il fallait venir plus tôt ?

SATURNIN.

C'est pas ma faute. Je courais après vous, quand j'ai été arrêté par un détachement de douaniers. Ils m'ont demandé si je n'avais pas rencontré des mulets et une escorte. Il paraît que des contrebandiers Espagnols ont passé la frontière, cette nuit, et qu'ils veulent profiter de la fête des bruyères pour embarquer leurs marchandises.

SUZANNE, *regardant.*

On vient... c'est madame. Partez-vite.

SATURNIN.

Mais vous me promettez de parler à madame la Duch...

SUZANNE, *l'interrompant.*

Je ne promets rien, si vous restez.

SATURNIN, *se sauvant.*

Je suis parti !

SCÈNE III

SUZANNE, puis LA DUCHESSE, au bras de GASTON

SUZANNE, *réfléchissant.*

Pourquoi pas ? Il n'est pas trop mal, ce garçon. Il m'aime véritablement... et, si, une fois marié, m'sieu Gaston voulait le prendre pour valet de chambre...

GASTON, *continuant une conversation commencée.*

Sérieusement, madame, où me conduisez-vous ainsi ?

LA DUCHESSE.

Mais, je vous l'ai déjà dit : A un rendez-vous.

GASTON, *riant.*

Voilà qui est audacieux! Oser me demander mon bras, à moi, votre fiancé, pour que je vous conduise à un rendez-vous?

LA DUCHESSE.

Nous sommes arrivés, et je ne vous retiens plus.

GASTON.

Tiens, c'est Suzanne. C'est égal, Duchesse, il y a dans votre conduite un air de mystère... il se passe quelque chose, avouez-le? C'est comme dans le village que nous venons de traverser, on y respire je ne sais quel air de fête!.. Avez-vous remarqué ces jeunes filles en toilette?

SUZANNE.

Pour la fête des bruyères.

GASTON.

La fête des bruyères. . Qu'est-ce que cela?

LA DUCHESSE.

C'est une légende des Basses-Pyrénées. Tenez, Suzanne la sait, et si vous voulez...

GASTON, *vivement et riant.*

Oh! madame, épargnez-moi! Pas de couplets ni de légende, je vous en prie? Si vous étiez assez bonne pour me la raconter en prose?

LA DUCHESSE.

Eh bien, regardez : que voyez-vous, là devant nous?

GASTON.

Une sorte de gros rocher entouré de fleurs et de plantes parasites.

LA DUCHESSE.

C'est là que demeure la Fée. Cet endroit lui est consacré.

GASTON.

Ah! très bien! Et de quoi s'occupe-t-elle?

LA DUCHESSE.

Elle est la protectrice des amoureux et la sauvegarde des maris en danger.

GASTON, *riant.*

Ce n'est pas là une sinécure.

SUZANNE.

Je crois bien, elle a de l'ouvrage!

GASTON.

Et comment exerce-t-elle?

LA DUCHESSE.

Toutes les jeunes filles que nous avons rencontrées, vont, aujourd'hui, porter, dans l'intérieur de la grotte, une branche de bruyère...

SUZANNE.

Cette branche y reste déposée toute la nuit!

LA DUCHESSE.

Et si, le lendemain, on retrouve la branche de bruyère fraîche et fleurie... c'est la preuve certaine et authentique...

SUZANNE, *continuant.*

Que la jeune fille à qui elle appartient, a toujours été sage.

GASTON, *riant.*

Ah! tu crois?...

SUZANNE.

Oui, monsieur, toujours!

GASTON, *de même.*

S'il n'y a pas d'autre garantie... et en trouve-t-on souvent de fanées?

SUZANNE.

Par exemple! Jamais!

GASTON.

Parbleu!... alors on n'irait pas ! Et les garçons du pays tiennent beaucoup à cette épreuve?

SUZANNE.

Je crois bien qu'ils y tiennent! Et sans aller plus loin, vous savez, madame... Saturnin, le fils de votre jardinier...

LA DUCHESSE.

Eh bien?

SUZANNE.

Il est venu me demander d'aller porter une branche à son intention... avec la permission de madame.

LA DUCHESSE.

Vraiment! lui aussi! (*riant*) Ah! ah! ah! il te fait donc la cour?

SUZANNE.

Mais, je crois que oui, madame.

LA DUCHESSE.

Et il te plait, ce garçon?

SUZANNE.

Je n'en suis pas encore bien sûre... mais, pour un mari... il me plait assez!

COUPLETS.

I

Quand notre cœur est attendri
Par un amour vraiment sincère,
Il ne faut pas être sévère
Alors qu'il s'agit d'un mari!
Car on peut être assez gentille
Mais attendre parfois longtemps,
Et voir s'enfuir, en restant fille,
Les plus beaux jours de son printemps!

REFRAIN

Eh bien, pourquoi se défendre
Quand l'amour se fait entendre,
Toc, toc, s'il frappe aujourd'hui,
Moi je dis : Ouvrons-lui !

II

On peut trouver des amoureux,
La chose n'est pas difficile :
Mais les maris, en temps utile,
Ne sont jamais assez nombreux.
Je ne suis pas d'humeur chagrine
Et de plus, je me sens un cœur.
Or, coiffer sainte Catherine,
Pour moi, ce n'est pas le bonheur.

Eh bien, pourquoi se défendre
Quand l'amour se fait entendre,
Toc, toc, s'il frappe aujourd'hui,
Moi je dis : Ouvrons-lui !

LA DUCHESSE.

A la bonne heure ! Eh bien, mon enfant, va porter une branche *à l'intention* de M. Saturnin.

GASTON, *riant.*

C'est une idée ! Dites-donc, Duchesse, puisque vous m'avez permis d'aspirer à votre alliance, si je profitais de l'occasion pour vous prier d'aller porter aussi une bruyère *à mon intention ?*

LA DUCHESSE, *riant.*

Y pensez-vous ? moi... une veuve ?

GASTON.

Ah ! pardon ! c'est juste.

SUZANNE, *à part.*

Qui sait ! Le duc était si vieux !

LA DUCHESSE, *à Gaston.*

Vous riez de tout cela... et cependant, je vous jure que

cette coutume a du bon. Il serait fâcheux, pour la moralité du pays, de la voir tomber en désuétude. Aussi, ai-je projeté, pour encourager la sagesse...

GASTON.

Vous avez projeté ?

LA DUCHESSE.

C'est que je ne sais pas trop si je dois vous dire cela, à vous qui riez toujours ?

GASTON.

Dites quand même, allez !

LA DUCHESSE.

Alors, écoutez et profitez.

TRIO.

Mais si je vous laisse surprendre
Un semblable secret,
Il faut, avant de rien apprendre,
Jurer d'être discret !

SUZANNE.

Si l'on veut bien vous faire entendre
Un si charmant secret,
Il faut, avant de rien apprendre,
Jurer d'être discret !

GASTON.

O juste ciel que vais-je apprendre ?
Quel est donc ce secret ?
Je tremble avant de rien comprendre,
Mais, je serai discret.

LA DUCHESSE.

Sachez donc que, depuis longtemps,
La Fée, hélas ! n'est apparue ;
Voilà, dit-on, plus de cent ans
Qu'en ce pays on ne l'a vue !
C'est long ?

SUZANNE, *appuyant.*

Beaucoup trop long !

GASTON.

Eh ! mon Dieu... c'est selon.
Parmi les filles
Les plus gentilles
Combien, j'en suis certain, n'oseraient se risquer,
Si la Fée arrivait quand on vient l'évoquer !

LA DUCHESSE.

Eh bien ! à la sagesse il faut donner des gages ;
On ne distingue plus, hélas, les filles qui sont sages...

SUZANNE, *avec douleur.*

De celles qui ne le sont pas !

GASTON.

Je le disais... ah ! c'est affreux !

SUZANNE.

Très malheureux !

GASTON.

Mais, à cela, que faire ?

LA DUCHESSE.

Eh bien ! Que diriez-vous,
Si dès demain, peut-être,
La Fée, aux yeux de tous,
Allait enfin paraître ?

GASTON.

Je frémirais, et n'y comprendrais rien.

LA DUCHESSE.

J'ai trouvé, je crois, le moyen ;
Mais si je vous laisse surprendre
Un si charmant secret.
etc., etc.

(Reprise de l'ensemble du trio).

LA DUCHESSE, *après l'ensemble, à Gaston.*

J'ai des renseignements précis
Sur les fillettes du pays,
Dont la conduite et l'innocence
Mérite une récompense.
Or, quant l'Angelus sonnera,
Demain, la Fée apparaitra....

GASTON, *avec galanterie.*

Elle sera jeune et charmante,
Et charitable et bienfaisante,
Car elle vous ressemblera.

LA DUCHESSE.

La Fée, alors, appellera
Les filles qu'elle dotera.

SUZANNE.

Et, voyez quelle bonne aubaine;
C'est cent écus que l'on aura.

GASTON, *à la Duchesse.*

Quant à moi, je prédis sans peine
Que chacun vous approuvera !

ENSEMBLE, *gaîment.*

C'est vraiment
Charmant;
L'aimable folie!
Amoureux
Soyez tous heureux;
Car femme jolie
Sourit toujours
A vos amours !

LA DUCHESSE.

Que dites-vous de mon projet ?

GASTON.

Mais qu'en tous points il est parfait !

Et, si jadis la Fée était jeune, était belle,
Je serai le premier à vous prendre pour elle.

LA DUCHESSE, *riant.*

On n'est pas plus galant !

(Reprise de l'ensemble et fin du trio).

LA DUCHESSE.

Ah ! à propos, Suzanne, et le costume ? As-tu pris des informations ?

SUZANNE.

Oui, madame. La mère Garterèche m'a dit que sa vieille tante lui avait dit que sa grand mère avait vu la Fée.

LA DUCHESSE.

Ah ! Eh bien ?

SUZANNE

Il paraît qu'elle portait un grand voile, et puis elle tenait une branche de bruyère à la main... comme ça... ou comme ça... ; on n'a pas pu me dire au juste.

LA DUCHESSE.

Un voile, une branche... et puis ?

SUZANNE, *étonnée,*

Comment, et puis ?

LA DUCHESSE.

Sans doute, et puis...

SUZANNE.

Mais voilà tout !

GASTON, *pouffant de rire.*

Ah ! Ah ! Ah ! Il faudra draper un peu ce costume-là !

LA DUCHESSE.

C'est bien... nous arrangerons cela.

GASTON.

Ah ! ça, Duchesse, j'espère que vous allez m'associer un

peu à vos bonnes actions. Voyons, voyons, il y aura bien, là-dedans, un bout de rôle pour moi ?... Un Monsieur des Bruyères, par exemple, ça m'irait assez.

LA DUCHESSE, *riant.*

Du tout ! Impossible !

SUZANNE.

Oh? mais, ça ne se peut pas, il ne faut plus plaisanter avec ces choses-là.

GASTON.

Quoi, madame, vous refusez mes services ?

LA DUCHESSE.

Absolument, en ce qui concerne l'apparition. Occupez-vous de notre excursion aux ruines d'Argelès, pour demain.

GASTON.

Vous tenez donc toujours à aller visiter ces ruines?

LA DUCHESSE.

Sans doute. Y verriez-vous quelque inconvénient ?

GASTON.

Pas précisément ; on dit cependant que la frontière n'est pas sûre.

LA DUCHESSE.

La veuve d'un général doit être brave, monsieur.

GASTON, *saluant.*

A vos ordres, madame. Mais, c'est égal, réfléchissez encore pour l'apparition. Je suis rempli de bonne volonté, et je vous promets de ne pas rire. A bientôt !

(Il lui baise la main et sort en riant).

SCÈNE IV.

LA DUCHESSE, SUZANNE.

LA DUCHESSE, *regardant autour d'elle.*

C'est ici, je me reconnais. Voici l'arbre, le banc de gazon... et l'entrée de la grotte. En sortant du parc par la porte du garde, je pourrai entrer demain soir, sans être vue, pendant que le cortége viendra par le sentier.

SUZANNE.

C'est cela.

LA DUCHESSE.

A propos, Suzanne, quelles nouvelles ? Ce jeune homme que tu as rencontré, hier, et que tu as cru reconnaître, est-ce bien celui que ma voiture a renversé sur la route ?

SUZANNE, *baissant les yeux.*

Lui-même, madame. J'en suis sûre. Nous ne l'avons vu qu'un instant, mais je me rappelais bien sa figure si douce, si distinguée... quel dommage s'il avait été tué !

LA DUCHESSE.

Mais, grâce à Dieu, nos craintes ont été bientôt dissipées !

SUZANNE.

C'est égal, pendant qu'on cherchait à le ranimer, madame la Duchesse était aussi pâle que lui.

LA DUCHESSE.

Et, comment ne pas être effrayée... émue...

SUZANNE

Sans doute, cependant, il y avait bien de sa faute... Au lieu de se ranger aux cris des postillons...

LA DUCHESSE

Ah ! son imprudence lui a été si fatale...

SUZANNE, *achevant.*

Qu'il faut bien lui pardonner. Avec ça, que depuis ce temps là, c'est-à-dire depuis un mois, le pauvre jeune homme...

LA DUCHESSE, *vivement*

Eh bien ?

SUZANNE

Il faut que ce soit la frayeur... ou la secousse, mais lui, qui avant cet accident était, dit-on, d'un caractère gai, aimable... il est devenu tout à coup triste, sauvage, avec les femmes surtout !

LA DUCHESSE

Vraiment !

SUZANNE

C'est ça un malheur ! Alors M. Réné.., il s'appelle Réné, le jeune homme... Réné de Mauléon.

LA DUCHESSE

Réné !

SUZANNE

Un joli nom, n'est-ce pas, madame ? J'aurais assez aimé, moi, que Saturnin s'appelle...

LA DUCHESSE, *l'interrompant.*

Et ses parents ?

SUZANNE

Ses parents ! Il n'en a pas. Il n'avait qu'un frère aîné, mais ce frère est mort, et il a hérité de son titre et de sa fortune.

SCÈNE V

LA DUCHESSE, SUZANNE, SATURNIN

SATURNIN, *au fond, faisant à la dérobée des signes à Suzanne.*

Ppsit !... psitt !..

LA DUCHESSE, *se retournant.*

Quelqu'un !

SUZANNE, *vivement.*

Non, non, personne, madame... c'est... c'est Saturnin.

LA DUCHESSE, *souriant*.

Ah ! fort bien. (*A Saturnin, qui se confond en salutations.*) Approchez, mon ami, Suzanne m'a parlé de vous.

SUZANNE

Oui, et madame ne s'oppose pas...

SATURNIN, *avec joie*.

Vrai ! Il serait possible ! mame la Duchesse consentirait..,

LA DUCHESSE, *souriant*.

Puisque Suzanne vous le dit : il faut toujours croire sa femme.

SATURNIN, *transporté*.

Sa fem... sa femm... Oh ! merci ! merci ! car, voyez-vous, mam'zelle Suzanne, il n'était que temps ! Si madame la Duchesse m'avait refusé, j'étais capable d'en perdre la raison, comme ce pauvre M. Réné, que je viens encore de rencontrer là-bas.

LA DUCHESSE

Monsieur Réné !

SATURNIN

Ce jeune homme qui a été élevé au presbytère... et qui est si instruit ? même qu'on dit qu'il est gentilhomme ! Je ne sais pas, par exemple, s'il est gentilhomme parcequ'il est instruit, ou s'il est instruit parce qu'il est...

SUZANNE, *impatienté*.

Qu'importe ! après ? après ?

SATURNIN, *à Suzanne*.

Eh bien... ça lui a pris tout d'un coup, il y a un mois... comme le matin que je vous ai vue... mais lui, c'était le soir. Depuis ce moment-là, il passe sa vie dans la forêt.., toujours seul... puis il vient s'asseoir sur ce banc... il y reste toute la journée à attendre.

SUZANNE

Quoi ?

SATURNIN

Est-ce que je sais ? Et puis, il parle tout haut.

SUZANNE

A qui ?

SATURNIN

Est-ce que je sais ! Des fois, il étend les bras comme ça, en disant : O belle inconnue ! reviens, reviens !

LA DUCHESSE, *à part.*

Mon Dieu !

SUZANNE, *à la Duchesse*

Oh madame, est-ce que par hasard il serait amoureux de vous ?

LA DUCHESSE, *à demi-voix.*

Tais-toi, pas un mot ?

SATURNIN, *s'avançant.*

S'il vous plait ?

SUZANNE

Non, rien.

(Ritournelle de l'invocation deRéné.)

SATURNIN

Ecoutez ! C'est lui ! Il traverse la vallée... et tout à l'heure, vous le verrez venir ici.

LA DUCHESSE

Il va venir ?

SATURNIN

Mais oui, mame la Duchesse, comme je vous le disais : pour s'asseoir là.

LA DUCHESSE, *agitée*

C'est bien, laissez-moi.

SUZANNE

Quoi, madame, vous voulez...

LA DUCHESSE

Allez, Suzanne, éloignez-vous.

SUZANNE.

Oui, madame (*à part.*) Comme elle paraît agitée... tiens... tiens... tiens !...

SATURNIN.

Venez avec moi, mamz'elle, je vas vous en cueillir une de soignée... de bruyère... (*ils sortent*).

SCÈNE VI

LA DUCHESSE, *seule.*

Oh ! non... j'ai mal compris... et ce ne peut être sérieux ? Quoi ! ce jeune homme... pour m'avoir vue un instant... (*écoutant*) Il approche... il faut d'abord l'entendre... et quant à ce que je dois faire... le Ciel m'inspirera !

(Elle entre dans la grotte au moment où paraît Réné.)

SCÈNE VII

RÉNÉ, *seul, qui est entré pensif, s'arrêtant et regardant autour de lui.*

Oui, je veux tenter une dernière épreuve... et je viens m'adresser à vous, ô Fée des Bruyères, pour échapper à cet amour insensé !

INVOCATION ET DUO

RÉNÉ, *se tournant vers la grotte.*

Ils disent tous, les gens de ce village,
Ils disent tous que vous apparaissez
Aux malheureux qui vous rendent hommage,
Aux cœurs souffrants, aux cœurs blessés !
Pour retrouver cette inconnue
Qui, l'autre soir, m'est apparue,
Que dois-je faire ? où dois-je aller ?

Je vous écoute, sans trembler...
Faut-il quitter la terre pour la suivre
Si dans les cieux est son séjour ?
Ah ! pour lui dire mon amour,
Faut-il mourir ? Je suis prêt. Faut-il vivre ?

s'agenouillant

O Dame des Bruyères,
O noble Dame en vous j'ai foi !...
Exaucez mes prières,
Par grâce écoutez-moi !

LA DUCHESSE, *paraissant à l'entrée de la grotte :*

Qui m'appelle ?

(Elle a quitté sa mante et paraît vêtue de blanc. — Elle est couronnée de bruyères. — Elle en porte un bouquet au corsage et en tient un rameau à la main).

RÉNÉ, *reculant de surprise.*

Ah ! c'est elle !...
Grands dieux !
C'est ma belle inconnue
En croirai-je ma vue
Quel pouvoir merveilleux !

LA DUCHESSE, *s'avançant vers Réné.*

Quand un cœur fidèle
Au nom des amours,
Me prie et m'appelle
Je parais toujours !
Je prends le visage
Que chérit ce cœur,
Et ce doux mirage,
Calme sa douleur !

RÉNÉ

Ah ! votre douce voix m'enivre
Parlez encor... parlez toujours ?

LA DUCHESSE

Par serment, promets-moi de vivre
Jures de respecter tes jours ?

RÉNÉ.

Je vous le jure, ô noble Dame
Oui, je le jure à vos genoux !

LA DUCHESSE.

Le calme est rentré dans votre âme
C'est bien, Réné, relevez-vous !

LA DUCHESSE

Pour rester dans ce village
Vous n'êtes pas né ;
Aux honneurs votre courage
Vous a destiné.
A mes ordres il faut vous rendre ;
Demain, vous quitterez ces lieux
Pour servir la France, et reprendre
Le noble état de vos aïeux.

RÉNÉ

A vos ordres je veux me rendre ;
Demain je quitterai ces lieux
Pour servir la France, et reprendre
Le noble état de mes aïeux.

ENSEMBLE

RÉNÉ.

Je la vois, et toujours plus jolie,
Hélas ! comment la retenir !
Combien est douce ma folie
Quel heureux avenir.

LA DUCHESSE, *à part.*

Ah ! je ris, je ris de sa folie
Mais mon projet va réussir,
Grâce à moi, sans chagrin, il m'oublie
Mon rôle va finir.

LA DUCHESSE, *détachant la branche de son corsage et la lui donnant.*

Prends cette branche de bruyère
Et souviens-toi de ton serment ?

RÉNÉ.

Ah ! jusqu'à mon heure dernière
Je garderai ce doux présent.

REPRISE DE L'ENSEMBLE.

RÉNÉ.

Je la vois, et toujours plus jolie,
etc., etc.

LA DUCHESSE, *à part.*

Ah ! je ris, je ris de sa folie.
etc., etc.

(La duchesse rentre dans la grotte et disparait).

SCÈNE IX

RÉNÉ seul, puis SATURNIN

RÉNÉ, *se retournant.*

Partie !... Disparue !...

SATURNIN, *entrant.*

Suzanne, Suzanne (*Il se heurte contre Réné*). Ah ! pardon M'sieur..... c'est que, voyez-vous, je suis si heureux..... (*reconnaissant Réné*). Tiens, c'est vous, M'sieu René, mais quel drôle d'air vous avez..., vous souriez..., vous aussi vous avez l'air bien heureux ?

RÉNÉ, *avec feu.*

C'est la joie ! le bonheur ! celle que j'aime, que j'adore !... Je l'ai revue..., ou plutôt non.., ce n'est pas elle, c'est la Fée des Bruyères.

SATURNIN, *sautant.*

Hein? La Fée des Bruyères?

RÉNÉ.

Là, tout à l'heure, je l'ai évoqué... et elle vient de m'apparaître !

SATURNIN, *effrayé.*

Mais c'est horrible! c'est abominable! Et vous avez osé lui parler?

RÉNÉ.

Mais certainement (*portant la fleur à ses lèvres*), ô cher souvenir qui me vient d'elle tu ne me quitteras jamais. (*Il sort par la droite*).

SCÈNE X

SATURNIN, SUZANNE, ET LES JEUNES FILLES DU VILLAGE.

(*Elles sont toutes en toilette et tiennent une branche de bruyère à la main.*)

CHŒUR.

O dame des Bruyères
De tous les cœurs sincères
Protégez les amours.
A nos vœux, nos prières
O dame des Bruyères
Répondez toujours.

SATURNIN, *aux jeunes filles.*

Monsieur Réné l'a vue
Elle vient de venir...
La Fée est apparue!
C'est à faire frémir!

TOUTES LES FILLES, *effrayées.*

Monsieur René l'a vue
Elle vient de venir
La Fée est apparue
Qu'allons-nous devenir?

ENSEMBLE.

Mais elle reviendra peut-être
Ah! quant à moi je n'entre pas!
Elle n'aurait qu'à reparaitre

Je n'ose plus faire un seul pas !
Elle existe puisqu'on l'a vue
Moi qui la croyait morte, hélas !
Mais non, puisqu'elle est apparue
Je n'irai pas !... Je n'irai pas !

SUZANNE, *à part, riant.*

Je devine... ma maîtresse,
Sans doute, s'est montrée à lui
Pour calmer sa tristesse
Puis, à notre approche elle a fui.

(Haut avec une confiance comique.)

Allons, quand une fille est sage
Elle ne doit pas avoir peur.
J'y vais, et j'aurai le courage
D'aller demain chercher ma fleur.
Que dirait-on dans le village,
Si nous n'osions pas aller là ?
Suivez-moi donc... et du courage,
Nous n'en mourrons pas pour cela.

SATURNIN, *avec joie.*

Ah ! quelle femme, j'aurai là.

LES JEUNES FILLES.

Que dirait-on dans le village
Si nous n'osions pas aller là ?
Allons ! suivons-la. du courage,
Nous n'en mourrons pas pour cela

(Elles se remettent en ordre, et, Suzanne en tête, elles se dirigent vers la grotte. — Au moment où le cortège disparaît dans la grotte, Saturnin reste seul. — Le crépuscule est venu pendant la scène précédente. — Demi-nuit sur le théâtre. — La musique continue en sourdine pendant la scène suivante. et jusqu'à la fin de l'acte).

SCÈNE XI

SATURNIN, seul, puis GRÉGORIO, JOSUÉ et les CONTREBANDIERS.

(Scène parlée).

SATURNIN.

O Suzanne ! modèle de vertu et d'innocence !... Si jamais créature a été mise au monde pour faire le bonheur d'un honnête homme, c'est bien toi, ô ma Suzanne !

(Pendant ce qui précède, Grégorio et Josué sont entrés avec précaution, en examinant les localités. Puis, avisant Saturnin, ils descendent vers lui, Grégorio à sa droite, Josué à sa gauche).

GRÉGORIO, *mettant la main sur l'épaule de Saturnin, mais à demi-voix.*

Dis-moi, l'ami...

SATURNIN, *sautant.*

Hein? qu'est-ce que c'est? (*à Grégorio.*) Ah ! vous m'avez fait une peur... vous !...

GRÉGORIO.

Connais-tu les ruines du Château d'Argelèz?

SATURNIN.

Oui, à deux lieues d'ici.

GRÉGORIO

Bien.

JOSUÉ, *d'une voix profonde.*

Deux lieues, bon !

(Saturnin, qui ne l'avait pas vu, le regarde d'un air inquiet).

GRÉGORIO, *à Saturnin.*

Tu vas nous y conduire.

SATURNIN, *se récriant.*

Moi?... Oh! pas possible! Et Suzanne donc! Et ma chaste Suzanne!

GRÉGORIO.

Laisse donc, nous ferons ta provision de tabac pour une année!

SATURNIN.

Je ne fume pas.

GRÉGORIO.

Eh bien?... ta provision d'eau-de-vie.

SATURNIN.

Je ne bois pas.

GRÉGORIO.

Tu es difficile à contenter. Cependant, comme il nous faut absolument un guide...

JOSUÉ, *le prenant par le bras gauche et lui mettant un pistolet sous le nez.*

Tu viendras de force...

GRÉGORIO, *même jeu, du côté droit.*

Ou de bonne grâce?

SATURNIN, *effrayé, vivement.*

De bonne grâce, messieurs, de très bonne grâce!...

Pendant ce qui précède, les Contrebandiers sont entrés en scène. Sur un signe de Grégorio, ils vont chercher leurs marchandises et ils se mettent tous en marche, traversant le théâtre avec leurs mulets chargés, et précédés de Saturnin tenu en respect par Grégorio et Josué).

CHŒUR des CONTREBANDIERS

(mystérieux et à demi-voix).

Point de bruit,
Dans le silence
De la nuit,
Que l'on s'avance...
Compagnons de la prudence.
Et marchons sans bruit.

FIN DU PREMIER ACTE.

ACTE DEUXIÈME

Les souterrains d'un vieux château, souterrains éclairés de ci et de là par la lumière extérieure, et servant d'entrepôt aux contrebandiers. Escalier de pierre, au fond, dans la muraille, et qui communique avec le dehors.

SCÈNE PREMIÈRE

LA DUCHESSE, SUZANNE.

(Au lever du rideau, c'est la fin d'un orage qui a du être le motif de l'entr'acte, à l'orchestre.)

DUETTO.

SUZANNE, *dans le souterrain, au fond, descendant l'escalier.*

Je meurs d'effroi !

LA DUCHESSE, *s'avançant.*

Viens donc ! suis-moi ?

SUZANNE.

Ah ! qu'il fait sombre.
J'ai peur dans l'ombre.

LA DUCHESSE.

Viens donc... suis-moi !
Ce n'est rien... ce n'est qu'un orage

Qui traverse les airs.
Il ne faut pas craindre en voyage
La foudre et les éclairs !
Suzanne, allons, plus d'épouvante ;
Vois, le jour reparaît déjà,
Et c'est la fin de la tourmente.

(*Montrant la droite.*)

Avançons... viens, suis-moi par là !

SUZANNE.

Quoi ! vous aventurer par là ?

LA DUCHESSE.

Eh ! mais, sans doute,
Ecoute ?

SUZANNE.

J'écoute.

LA DUCHESSE.

Regarde, écoute encore... Eh bien ?

SUZANNE, *écoutant.*

Au dehors, tout devient silence,
Mon cœur renaît à l'espérance,
Je n'entends absolument rien.

REPRISE-ENSEMBLE.

SUZANNE.

Ce n'est rien, c'était un orage,
Etc., etc.

LA DUCHESSE.

Ce n'est rien, ce n'est qu'un orage,
Etc., etc.

SUZNANE, *arrêtant la Duchesse.*

Mais, par grâce, un peu de prudence.
Pourquoi s'aventurer ainsi ?

LA DUCHESSE.

Viens toujours et prends confiance,
Nous n'avons rien à craindre ici.

SUZANNE.

Je crois inutile de feindre
Et je n'ose suivre vos pas,
Je trouve qu'on a tout à craindre
Des endroits qu'on ne connait pas !

LA DUCHESSE, *montrant la droite.*

Là-bas, à travers la charmille,
Tout est azur,
Et vois, déjà le soleil brille
Dans un ciel pur !

Le soleil présage
La fin de l'orage
Du ciel se dégage
Un rayon vermeil...
Toute la nature
Reprend sa parure
Notre route est sûre
Voici le soleil !

(Reprise ensemble de la strette, et fin du duetto.)

Le soleil présage.
Etc., etc.

SUZANNE.

Mais quelle aventure ! A peine étions-nous descendues de la berline, que les chevaux effrayés par les éclairs s'emportent entrainant M. Gaston avec eux... pourvu qu'il ne lui arrive pas malheur !...

LA DUCHESSE.

Si le vicomte ne peut maitriser les chevaux, il les laissera fournir leur course... la route est belle... et il n'y a aucun danger. Seulement, il faut nous armer de patience, car il se passera du temps avant qu'il revienne nous chercher..

SUZANNE.

En attendant, nous nous avançons à l'aventure, dans ces souterrains, et nous allons nous égarer.

LA DUCHESSE, *riant.*

En voyage, il faut tout voir !

SUZANNE.

Et il ne manque pas de choses à voir, ici : des sacs, des coffres, des ballots... qu'est-ce que ça signifie ?

LA DUCHESSE, *gaiement.*

Cela signifie que ces ruines servent probablement d'habitation à de pauvres gens du pays... qui ne sont pas encore propriétaires, et n'ont pas les moyens de le devenir.

SUZANNE, *qui a goûté au contenu d'un sac.*

En tous cas, ces indigents ont des provisions de choix, car voici d'excellent café.

LA DUCHESSE, *étonnée.*

Du café ?

SUZANNE, *riant.*

Sans doute. Et là, plus loin, du sucre très blanc.

LA DUCHESSE.

Du café ? du sucre ? Je n'y comprends rien !

SUZANNE, *qui a ouvert une caisse.*

Ah ! mon Dieu !

LA DUCHESSE, *effrayée.*

Ah mon Dieu ! qu'y a-t-il ?

SUZANNE.

Des dentelles magnifiques !

LA DUCHESSE, *se remettant.*

En vérité, Suzanne, tu as une façon d'annoncer des dentelles !... tu tiens à me faire partager ta frayeur, à ce qu'il paraît ?

SUZANNE.

Regardez, madame, c'est du point d'Angleterre ou je ne m'y connais pas.

LA DUCHESSE, *après avoir regardé.*

Voilà qui est étrange!

SUZANNE.

Ah! le joli coffret! (*Elle le prend et l'ouvre.*) Tiens, des flacons. (*Prenant un flacon :*) Eau de la reine de Hongrie. (*Elle le débouche.*) Excellente! (*En prenant un autre.*) Opium de Smyrne. Qu'est-ce que cela? Pouah! quelle vilaine odeur!

LA DUCHESSE.

Prends garde, mon enfant, c'est un narcotique!

SUZANNE, *remettant le flacon.*

Un narcotique!

LA DUCHESSE.

Laisse tout cela.

SUZANNE.

C'est égal, voilà que je commence à avoir peur. Tout ce qui nous entoure est si étonnant. (*Saisissant tout à coup la main de la Duchesse et voulant l'entraîner.*) Ah! madame... je devine... j'ai deviné!

LA DUCHESSE.

Que dis-tu?

SUZANNE, *vivement.*

Ici... près de la frontière?... Nous sommes dans un entrepôt de contrebandiers!

LA DUCHESSE.

Ah! mon Dieu! fuyons vite!

SUZANNE.

Fuyons! (*s'arrêtant.*) Ecoutez!

LA DUCHESSE.

On vient. Que faire? (*montrant la droite*) Ah! par là..: peut-être trouverons-nous une issue.

SUZANNE.

Venez vite ! (*Elles sortent par la gauche*).

SCÈNE II

SATURNIN, *seul.*

(Il a les yeux bandés et vient par le fond. Il s'avance en s'orientant à tâtons).

Où suis-je ? (*D'une voix que la peur fait trembler.*) Y a-t-il quelqu'un ici ?... Hein ?... Plaît-il ? Rien ! (*Se parlant à lui-même.*) Si j'étais sûr d'être seul ?... (*En portant les mains à son bandeau, pour l'ôter, il se cogne contre une banne de café.*) Ah ! pardon, Monsieur, je ne vous voyais pas ! (*Il tâte la banne.*) Non, ce n'est pas quelqu'un, c'est quelque chose. (*Il ôte son bandeau.*) Je suis seul... bien seul, et je puis respirer un peu... Ouf !... (*Avec colère*) Ah ! les gredins ! Ah ! les brigands !... (*Se reprenant avec frayeur et à voix basse.*) Ah ! les gredins ! Ah ! les brigands ! voilà comment ils m'ont récompensé, moi, qui de si bonne grâce, leur ai servi de guide aux ruines d'Argelès ! « Tu ne t'en iras qu'une heure après nous », m'a dit le chef, — et d'ici là « sourd, muet et aveugle ! » et ils m'ont mis ce foulard sur les yeux — en pouffant de rire, les bandits ! — Et ils ont ajouté : « Si tu soulèves ce bandeau, si tu cherches à voir ce qui se passe ici... (*faisant le geste de mettre en joue*), ton affaire ne sera pas longue. » Je me suis résigné : jusqu'à ce qu'ils se décident à partir... mon Dieu, hier, je ne tenais pas précisément à la vie... mais, aujourd'hui, mes jours sont précieux... je dois conserver un père aux futurs enfants de Suzanne ! (*regardant autour de lui*). C'est égal ! si je pouvais leur échapper... sans danger ! (*ritournelle du chœur suivant*). Ils reviennent !... vite !... (*remettant son bandeau, mais de façon à voir, en levant la tête*), cherchons un peu de ce côté-là. (*Il sort par la gauche*).

SCÈNE III

JOSUÉ, et les CONTREBANDIERS, *les armes à la main revenant d'une escarmouche contre les Douaniers.*

CHŒUR.

Victoire, amis, victoire!
Ils ont fui devant nous,
Et nous avons la gloire
D'échapper à leurs coups!

JOSUÉ.

Avec courage, avec audace
Vous vous êtes, tous, comportés
Car ils ont perdu notre trace
Et deux des leurs y sont restés!

(Voyant un Contrebandier blessé qui chancelle et est soutenu par deux camarades).

Eh! mais, voilà Juan qui chancelle
Pauvre diable, il s'est fait blesser!
Le coffret?

(Un autre Contrebandier apporte le coffret que tenait Suzanne : Josué y prend un flacon, et en fait boire quelques gouttes au blessé qui revient à lui.)

JOSUÉ, *au Contrebandier.*

Bon! c'est une bagatelle
Dès demain tu pourras danser.

(On emmène le blessé.)

JOSUÉ, *à ses compagnons.*

Et vous autres, vite à l'ouvrage
Au chef nous devons obéir.
Préparons tout pour le voyage
Car cette nuit il faut partir.

(Des Contrebandiers entrent amenant Réné).

SCÈNE IV.

LES PRÉCÉDENTS, RÉNÉ, *amené par deux Contrebandiers.*

JOSUÉ.

Qui vient là?

LES CONTREBANDIERS.

C'est ce téméraire,
Dont nous ignorons les desseins,
Qui s'avançait avec mystère
Au milieu de nos souterrains!

JOSUÉ, *à Réné.*

Approche et réponds-moi sur l'heure.
En entrant dans notre demeure
Qu'espérais-tu trouver ici?

RÉNÉ, *simplement.*

Mais contre l'orage un abri.
Puis, retournant au presbytère,
Charmant et doux espoir,
J'avais cru l'entrevoir...
C'était elle!

JOSUÉ.

Qui donc?

RÉNÉ.

La dame des Bruyères

JOSUÉ, *riant.*

La Fée! ah, ah! qu'en dites-vous?
Je crois qu'il se moque de nous.

(Josué, raillant, à Réné.)

C'est bien, mon garçon, ton histoire
Est pleine d'intérêt,
Mais ce n'est pas à nous qu'on en peut faire accroire.
Et de te fusiller nous aurons le regret.

(Il va parler bas à ses compagnons.)

SCÈNE V

LES PRÉCÉDENTS, LA DUCHESSE ET SUZANNE, *reparaissant à gauche et cachées par un des arceaux de la voûte.*

LA DUCHESSE, *à part.*

Ah! nous sommes perdues.
A ce souterrain pas d'issue.
Nous ne pouvons sortir d'ici.

(Apercevant Réné.)

Qu'ai-je vu?

(A Suzanne)

Regarde; c'est lui.

JOSUÉ, *aux contrebandiers.*

C'est mon avis. Il est coupable
Et mérite son sort.
Pour une trahison semblable
Je ne connais, moi, que la mort.

(A Réné.)

Allons! à genoux, et fais vite...
Ta prière, depuis longtemps,
Devrait être dite;
Tu nous fais perdre notre temps.

CAVATINE

RÉNÉ, *se mettant à genoux, pendant que les contrebandiers chargent leurs armes.*

O cher amour, ô mon unique joie!
Tu n'avais rien de criminel,
Je ne crains pas que Dieu te voie
Tu peux remonter vers le ciel!

Adieu, toi que mon cœur adore...
Par ton doux souvenir charmé,
Je meurs; mourir vaut mieux encore
Que vivre et n'être pas aimé.

O cher amour, ô mon unique joie
Etc., etc.

LA DUCHESSE, *à part.*

Quel trouble, et que je suis émue.
Est-ce la pitié, la frayeur...
On dirait... souffrance inconnue
Qu'avec lui va mourir mon cœur.

CHŒUR DES CONTREBANDIERS.

C'est un espion. Il est coupable.
Il devait s'attendre à son sort...
Pour une trahison semblable
Il n'est qu'un châtiment... la mort!

SCÈNE VI

LES PRÉCÉDENTS, GRÉGORIO.

GRÉGORIO, *qui a paru à la fin du chœur, relevant les carabines qui s'abaissent sur René.*

Un instant, s'il vous plaît? Vous êtes un peu prompts à rendre la justice! Qu'a donc fait ce jeune homme?

JOSUÉ.

C'est un espion.

GRÉGORIO, *haussant les épaules.*

Un espion?... lui? C'est bien, tout à l'heure, je l'interrogerai. Mais, quand je n'y suis pas, vous êtes toujours pressés! Parlons d'affaires : Comment vous êtes-vous tirés de votre engagement avec les douaniers?

JOSUÉ.

Nous n'avons perdu personne. Un mulet, seulement, a été tué, et le méchant ballot qu'il portait nous a été enlevé.

GRÉGORIO, *à demi-voix*

Un méchant ballot, dis-tu? Sais-tu ce qu'il contenait ce méchant ballot? Deux mille écus de dentelles.

JOSUÉ, *avec colère.*

Ah! mille millions de...

GRÉGORIO, *l'interrompant.*

Suffit! Je sais où on l'a déposé provisoirement. Mais ce n'est pas chose facile que d'aller le reprendre là. En attendant, soyez prêts à partir cette nuit, pour passer la frontière, si on nous en laisse le temps. Après l'escarmouche de tantôt, on va demander des troupes à Bayonne. Fais placer, tout de suite, des sentinelles sur la route et qu'on arrête tous les courriers.

JOSUÉ.

C'est une idée. (*Il va parler à quelques contrebandiers qui sortent.*)

GRÉGORIO, *à Réné.*

A nous deux, maintenant; approche et réponds? Qui t'amenait ici?

RÉNÉ.

Je retournais au presbytère...

GRÉGORIO, *l'interrompant vivement.*

Tu demeures au presbytère?

RÉNÉ.

Sans doute.

GRÉGORIO, *bas à Josué.*

C'est là qu'on a déposé ton méchant ballot... Chut! (*à René*) Allons, allons, tu n'es pas un espion bien dangereux; cependant, comme je veux savoir si tu m'as dis la vérité, Josué et deux ou trois camarades vont t'accompagner au presbytère.

RÉNÉ.

Vous voulez que je guide ces gens-là...

GRÉGORIO.

Ah! ça, tu nous prends donc pour des bandits? Nous sommes d'honnêtes contrebandiers, entends-tu? (*Faisant un signe d'intelligence à Josué.*) Tu les feras entrer... et si, par hasard, ils trouvaient là quelque marchandise confisquée... Tu connais le proverbe : On prend son bien... où on le retrouve!

RÉNÉ.

Mais...

GRÉGORIO, *l'interrompant.*

Attends-donc... je n'ai pas fini. Tu indiqueras aux camarades l'endroit où l'on met le bon vin... (*Sur un geste de René.*) Tu hésites, je crois?

RÉNÉ.

Je n'hésite pas, je refuse!

GRÉGORIO

Ta, ta, ta! Allons, emmenez-le. Il vous montrera le chemin. Mais ne le perdez pas de vue, et qu'il revienne ici. Demain, seulement, il sera libre.

RÉNÉ, *résistant.*

Non. Je saurai me défendre contre vous.

GRÉGORIO, *avec colère.*

Nous voulons reprendre ce qui nous appartient. Ainsi, prends garde à toi... et va.

LA DUCHESSE, *inquiète, toujours cachée par le pilier, se rapproche de Réné, et lui dit à mi-voix :*

Va ! (*elle disparait*).

RÉNÉ, *surpris et regardant partout, à part.*

Mais c'est sa voix que je viens d'entendre (*vivement à Grégorio*) Eh bien, j'irai.

GRÉGORIO

A la bonne heure,.. et quand au bon vin, crois-moi : Donne.

LA DUCHESSE, *même jeu.*

Donne. (*elle disparait*).

RÉNÉ, *de même.*

Encore? (*à Grégorio*) Je consens, partons.

GRÉGORIO, *qui a entendu, à part.*

Tiens! Tiens! On dirait qu'il y a de l'écho ici. Je reviendrai. (*haut*) Allons, en route... moi je vais surveiller mes vedettes.

(Réné suit Josué et ses compagnons, mais en s'arrêtant pour chercher d'où a pu venir la voix qu'il a entendue, impatientés, les contrebandiers l'entraînent. Grégorio sort le dernier, après avoir cherché aussi.)

SCÈNE VII

LA DUCHESSE, SUZANNE, puis SATURNIN.

LA DUCHESSE, *se montrant.*

Ils sont partis... et nous pouvons nous montrer.

SUZANNE.

Ah! madame, qu'allons-nous devenir? La fuite est impossible, et vous l'avez entendu.., ils ont placé des sentinelles dans toutes les directions.

LA DUCHESSE

Nous en serons quittes pour nous tenir cachées jusqu'à l'heure de leur départ. L'essentiel est qu'ils ne nous découvrent pas d'ici là.

SUZANNE

Et M. Réné qui a manqué nous trahir. Il est vrai que la raison de ce pauvre jeune homme est bien malade... Ne vous prenait-il pas pour la Fée des Bruyères?

LA DUCHESSE

C'est ma faute... et je m'en accuse.

SUZANNE

Votre faute? (*écoutant*) Ah! quelqu'un.

LA DUCHESSE

Encore?

SUZANNE, *regardant à gauche.*

De ce côté-là... ah mon Dieu! mais je ne me trompe pas... c'est lui.

LA DUCHESSE

Lui?

SUZANNE

C'est Saturnin.

LA DUCHESSE, *regardant*

Suturnin, ici?

SUZANNE, *regardant*

Qu'est-ce qu'il a donc sur la figure? Est-ce qu'il joue à Colin-Maillard tout seul?

LA DUCHESSE, *regardant aussi.*

Que veut dire cette plaisanterie?

SUZANNE

C'est quelque mauvais tour que les contrebandiers se seront amusés à lui jouer. Le voici.

SATURNIN, *revenant par la gauche, à part.*

Impossible de fuir par là... avec ou sans danger; résignons-nous. Mais, le temps me parait long.

SUZANNE, *toussant avec précaution.*

Hum, Hum!

SATURNIN, *resserrant vivement son bandeau.*

Hein? je ne vois rien, monsieur le chef, je vous le jure.

SUZANNE, *bas.*

C'est moi... Suzanne.

SATURNIN

Suzanne, ici ? à d'autres ! Vous prenez une voix de femme pour m'éprouver, monsieur.

SUZANNE, *à demi-voix.*

Mais puisque je vous dis que c'est moi... Otez celà et vous verrez .

SATURNIN, *reculant.*

Touchez pas.

SUZANNE, *de sa voix naturelle.*

Allons, voila qu'il ne veut plus me reconnaitre, maintenant.

SATURNIN

Ah hah ! *(Il baisse vivement son bandeau.)* C'est vrai, c'est elle, c'est elle..., et madame la Duchesse aussi. *(se désolant).* Ah ! madame la Duchesse, et ma future au pouvoir de ces gredins-là, c'est le bouquet.

SUZANNE.

Oui... l'orage... les chevaux emportés... mais vous ?...

SATURNIN.

Moi, c'est hier soir, pendant que je vous attendais. Ils m'ont engagé de force à leur servir de guide... et voilà ma récompense. Tenez : sourd, muet et aveugle ! ou sinon... (*il fait le geste de mettre en joue*). Vous comprenez ?

LA DUCHESSE, *souriant.*

Pauvre garçon ! Mais, après tout, il ne faut pas vous en plaindre... c'est peut-être pour votre bien.

SATURNIN, *étonné.*

Pour mon bien ?

LA DUCHESSE, *gaiment.*

Sans doute. Pour être heureux dans la vie, ne faut-il pas être quelquefois sourd, toujours muet... et souvent aveugle ?

TERZETTO

LA DUCHESSE.

En tout, et même en amours
Il faut mettre du mystère,
Il faut apprendre à se taire,
A se taire toujours.
Un seul mot, un sourire .
Trop souvent peuvent nuire,
Puis il est un proverbe encor
C'est la meilleure école,
Il dit : « d'argent est la parole
Et le silence est d'or ! »

SUZANNE.

De plus, même par mégarde
Il ne faut pas de trop près,
Qu'un mari prudent regarde
Les yeux sont très indiscrêts !

LA DUCHESSE.

Aussi, qui veut trop entendre
Perdit souvent plus d'un bien...
Tandis qu'à ne rien comprendre
On ne perdit jamais rien !

SATURNIN.

Je commence à vous entendre,
Je ne verrai
Je n'entendrai,
Je ne dirai
Plus rien.
Puisque c'est pour mon bien !

RERRISE-ENSEMBLE.

En tout, et même en amours,
Etc., etc.

SATURNIN, *après l'ensemble.*

Je puis parler tout bas, cependant, et vous dire
(Et sans chagrin vous m'entendrez)

Que pour nous dans l'instant va luire
L'heure où nous serons délivrés !
Autour de nous tout devient sombre.

SUZANNE.

Quel bonheur ! Le jour baisse enfin !

LA DUCHESSE.

Bientôt, à la faveur de l'ombre,
Nous pourrons, du château, reprendre le chemin.

ENSEMBLE.

(Très doux.)

Heure charmante,
Voici la nuit,
A notre attente
L'espoir sourit !
Bientôt va luire
L'étoile aux cieux,
Pour nous conduire
Hors de ces lieux.

SCÈNE VIII

LES PRÉCÉDENTS, GRÉGORIO.

GRÉGORIO, *qui est entré sur la fin de l'ensemble, s'avançant.*

Un moment, s'il vous plait.

LA DUCHESSE et SUZANNE, *avec un cri.*

Oh ! (*Saturnin remet son bandeau avec frayeur.*) Oh !

GRÉGORIO.

Vous êtes donc bien pressées de nous quitter ?

LA DUCHESSE, *avec hauteur.*

Monsieur !..

GRÉGORIO.

Oh! oh! quel regard! Madame est sans doute la Fée au pouvoir magique que ce jeune homme cherchait tout à heure ?

LA DUCHESSE.

Trève de railleries! Je suis la duchesse de Kervan, et voici mes gens. Je suis seule, sans défense! Que voulez-vous pour nous rendre la liberté? Une rançon? Fixez la somme.

GRÉGORIO.

Vous vous méprenez, madame, et vous nous faites injure. Nous ne sommes pas des brigands, mais de simples contrebandiers. Peut-être ne savez-vous pas ce que c'est qu'un contrebandier? Je vais vous l'apprendre.

COUPLETS.

I

C'est un homme au mâle courage,
Qui, peu soucieux du danger,
Par un temps de neige ou d'orage
Passe sa vie à voyager.
C'est aux échanges qu'il s'exerce...
Si l'impôt barre son chemin,
C'est un obstacle qu'il renverse,
Car il tient l'impôt dans sa main !

Et si, dans la nuit sombre
L'ennemi voit trop clair,
De ses balles dans l'ombre
On doit craindre l'éclair!

II

C'est par lui que la Providence,
Qui va partout le protégeant,
Au pauvre donne l'abondance
Que l'on n'obtient qu'à prix d'argent.
C'est lui qui, narguant les frontières,

Est bien vu dans tous les pays...
Pour ses dangers, que de prières!
Et pour ses exploits, que d'amis!

Mais si, dans la nuit sombre,
Etc., etc.

LA DUCHESSE.

Je ne demande qu'à vous croire, car, s'il en est ainsi, je puis compter sur des égards...

GRÉGORIO.

Des égards, des égards... c'est beaucoup dire... Mes compagnons sont si mal élevés!... Mais je ferai mon possible pour vous protéger. Tenez, les voici qui reviennent.

SCÈNE IX

LES PRÉCÉDENTS, JOSUÉ.

JOSUÉ.

Bonne nouvelle! notre ballot de dentelle est repris et chargé sur les mulets.

GRÉGORIO.

Vivat!

JOSUÉ.

Nous apportons aussi du vin, et nous ramenons le jeune homme... Qu'est-ce qu'il faut en faire?

GRÉGORIO.

Le vin, il faut l'apporter ici, pour le boire... Le jeune homme, tu le feras garder dans la galerie voisine, jusqu'à l'heure du départ.

JOSUÉ.

Bon!

GRÉGORIO, *montrant Saturnin.*

Emmenez aussi cet imbécile, il lui tiendra compagnie.

SATURNIN, *à part, indigné.*

Imbécile ! oh ! s'ils n'étaient pas les plus forts !...
(Josué l'emmène à droite.)

SUZANNE, *vivement à Grégorio.*

Oh ! monsieur, ne leur faites pas de mal, surtout à celui-là.

GRÉGORIO, *riant.*

Vraiment ! Il parait que si madame tient à l'autre, vous tenez à *celui-là*, vous ? Soyez tranquille, la belle, on vous le rendra sans avaries.

SCÈNE X

GREGORIO, LA DUCHESSE, SUZANNE, JOSUÉ,
ET TOUS LES CONTREBANDIERS.

GRÉGORIO *et le chœur des contrebandiers.*

Avant de repartir,
Amis et camarades,
Vidons quelques rasades ;
Il faut se divertir ! —
Loin du bruit, loin des armes
Et du sabbat,
De tout combat,
En paix, goutons les charmes
D'un chant joyeux
Et d'un vin vieux.
Dans ce monde,
Ou l'erreur abonde,
Gens dégagés
De tous préjugés,
Sans souci du lendemain,
Trinquons gaîment le verre en main !

TOUS.

A boire ! à boire !

GRÉGORIO, *montrant la Duchesse et Suzanne.*

Voici pour nous servir, deux jolis échansons.

LA DUCHESSE ET SUZANNE.

Eh quoi!... vous pouvez croire...?

LE CHŒUR, *avec force*

A boire !

SUZANNE, *bas et tremblante.*

Vite, madame, obéissons !

REPRISE DU CHŒUR.

Loin du bruit, loin des armes !
etc., etc.

LA DUCHESSE, *après le chœur, avisant tout à coup, le coffret laissé ouvert à la scène III, à part.*

Dieu! malgré tous leurs regards sévères...
Ah! si j'osais... pour fuir d'ici...
Cet opium: Dame des Bruyères
C'est toi qui m'inspires, merci !

(Sans être vue, elle s'empare du flacon d'opium et le cache.)

LE CHŒUR

A boire ! A boire !

LA DUCHESSE, *prenant un broc de vin, pendant que Suzanne distribue des gobelets.*

Puisque vous l'exigez, qu'il en soit fait ainsi.
(Elle prend le flacon, puis, à la dérobée, elle en vide le contenu dans le broc, et verse à boire à la ronde.)

GRÉGORIO, *à la Duchesse.*

Et maintenant, il faut ma belle,
Nous dire une de vos chansons?

LA DUCHESSE.

Chanter ! ah! l'épreuve est cruelle !

SUZANNE, *bas.*

Vite, madame, obéissons.

BOLÉRO.

I

Un gai muletier
Parti d'Espelette,
Rencontra Laurette
Auprès d'un sentier.
Tous deux, gentiment
Faisons route ensemble,
Eh ! que vous ensemble ?
Lui dit-il gaîment.
Il se faisait tard,
Bientôt elle cède
A monter, il l'aide
Et la mule part !
Comme il faut causer
Il devient plus tendre
Et bientôt veut prendre
Un petit baiser ?

Mais la belle
Nous dit-on
Très rebelle
Disait non !
Non, non, toujours non !

II

Il tonna le soir
Elle eut peur !... que faire ?
On est moins sévère
Quand il fait si noir !
Or, pour apaiser
La pauvre fillette
Il vole à Laurette
Un petit baiser !
On ne connaît pas
La fin du voyage
Car à son village
Il ne revint pas !
Laurette eût plus peur

Qu'en faut-il résoudre ?
Du bruit de la foudre
Que de son voleur !

Car la belle
Nous dit-on
Moins rebelle
Ne disait plus non
Non, non, toujours non !

LES CONTREBANDIERS.

Morbleu ! comme elle chante !
Elle est charmante
Et que d'attraits !
Ou Duchesse
Ou Déesse
Moi, pour maîtresse,
Je la prendrais !

(Ils entourent la Duchesse et Suzanne).

GRÉGORIO, *un peu gris, prenant la Duchesse par la taille.*

Ça, c'est chanter, et sur ma foi
Pour la peine, il faut qu'on t'embrasse !

LA DUCHESSE, *effrayée, se dégageant.*

Ah ! grand Dieu ! quelle audace
Ah ! c'en est fait de moi !

SUZANNE, *lutinée par Josué et les autres.*

Ah ! quelle audace !
Ah ! laissez-moi !

LES CONTREBANDIERS, *se la disputant.*

Il faut que je t'embrasse
Chacun pour soi !

STRETTE

ENSEMBLE

Enchanteresse
A ma tendresse

A mon ivresse
Tu te rendras !
Je veux te plaire
La chose est claire
Et sans colère
Tu céderas !

LA DUCHESSE, *épuisée.*

Ah ! ma mère, pardonne !...
La force m'abandonne
Dieu puissant ! viens à mon secours !

LES CONTREBANDIERS, *avec moins de force et comme pris de vertige.*

Tu céderas... ô mes amours !
Mes... amours !

(En chancelant et comme envahis par le sommeil, malgré leurs efforts).

Enchanteresse
A ma... tendresse
A mon ivresse
Tu... te... rendras !...
Tu céderas !

(Ils tombent successivement aux pieds des femmes et s'endorment sur la reprise en sourdine par l'orchestre, qui continue jusqu'à l'entrée de Réné.)

LA DUCHESSE, *avec joie.*

Ah ! enfin !

SUZANNE

Ah ! madame ! c'est un miracle !... un prodige !

LA DUCHESSE, *vivement.*

Oui, la Fée des Bruyères m'a inspirée !

SUZANNE.

Ah ! mon Dieu ! mais vous êtes donc une fée aussi ?... Vous n'êtes donc plus ma maîtresse ?... (*se jetant à ses genoux.*) Ah ! madame ! dites moi que vous êtes toujours vous !

LA DUCHESSE.

Tu perds l'esprit ! les moments sont précieux. Appelle vite Saturnin.

SUZANNE (*appelant*).

Saturnin, Saturnin ?

SATURNIN (*accourant*).

Voilà, voilà. — Ah ! tous morts !

LA DUCHESSE.

Endormis seulement. — Fuyons ! (*Ils montent l'escalier de pierre*).

RÉNÉ, *entrant de droite.*

CHANT

Je tenais à la main sa branche de bruyères
En prononçant son nom dans mes prières...
Quand soudain, pouvoir merveilleux,
J'ai vu mes deux gardiens s'endormir sous mes yeux !

(Apercevant la Duchesse en haut de l'escalier) :

Ah ! c'est elle !

(Il veut la suivre, elle le retient en étendant la main vers lui. Il tombe à genoux. Rideau).

FIN DU DEUXIÈME ACTE.

ACTE TROISIÈME

PREMIER TABLEAU

Un petit salon au château de la duchesse. — Porte principale au fond. — Portes latérales. — Dans le pan coupé, à droite, une fenêtre. — Ameublement du temps.

SCÈNE PREMIÈRE

GASTON, SUZANNE, SATURNIN.

GASTON, *riant.*

Ah! ah! ah! voyons, voyons, Suzanne, êtes-vous bien sûre que ce n'est pas un rêve, ce que vous me racontez-là?

SUZANNE.

Un rêve!... quand, rien que d'y penser, j'en tremble encore!

SATURNIN.

Et combien qu'ils étaient comme ça, à vouloir vous embrasser?

SUZANNE.

Est-ce que je sais? Vingt-cinq ou trente.

SATURNIN.

Trente! trente contre une! Oh! les lâches!

SUZANNE.

Et tout ce monde-là, au moment le plus... comment

dirai-je... au moment le plus critique, s'est endormi tout à coup?

SUZANNE.

Oui, m'sieu le Vicomte... Saturnin les a bien vus?

SATURNIN.

C'est vrai, je les ai trouvés tous couchés et endormis, même que je les ai enjambés pour rejoindre mam'zelle Suzanne.

GASTON.

C'est inexplicable!

SATURNIN.

Ah! voilà une chose qui ne m'arriverait pas... de m'endormir près de vous, mam'zelle... oh! non! oh! non!

SUZANNE.

Qu'en savez-vous?... Si la Fée des Bruyères le voulait, pourtant?

SATURNIN.

Hein!... oh! ne l'espérons pas, mon Dieu!

SUZANNE.

Car c'est elle qui nous a protégées, madame la Duchesse me l'a dit.

GASTON, *riant.*

Parbleu! c'est clair! qui pourrait en douter? (*A Suzanne, à demi-voix.*) Tu es sûre, petite, qu'il n'y a pas là quelque ruse, quelque stratagème de ta maitresse?

SUZANNE.

Oh! M. le Vicomte... quand je vous jure...

GASTON, *l'interrompant.*

Bien, bien! Tu l'ignores, qu'à cela ne tienne... elle me diras la vérité quand nous serons mariés.

SUZANNE.

Alors, ce ne sera pas de sitôt, car vous n'avez pas l'air bien pressé, ni bien amoureux?

GASTON.

Tu crois?

SUZANNE.

Dam... ça se voit de reste. Prenez garde, M. le Vicomte, quand on n'aime pas plus que cela, on s'expose à faire mauvais ménage.

GASTON.

Au contraire! J'avais épousé ma première femme par amour. C'était une danseuse de l'Opéra. Eh bien? Je te jure qu'elle ne m'a pas gâté! Je me suis battu au moins trois fois pour elle... j'allais même me risquer une quatrième fois, quand je me suis aperçu qu'elle le faisait exprès! C'était un moyen de devenir veuve... mais le ciel a été juste... et, depuis deux ans, c'est moi qui le suis.

SATURNIN.

Veuf?

GASTON

Sans doute!

SATURNIN.

Ah! bien, bien!

GASTON, *à Suzanne.*

Mais l'heure de la cérémonie approche... est-ce que ta maîtresse n'est pas visible!

SUZANNE.

Madame repose encore... après une nuit si agitée...

GASTON.

Tu lui diras que je suis venu m'informer...

SUZANNE.

Oui, m'sieu le Vicomte...

GASTON.

Et que je reviendrai prendre ses ordres. (*A lui-même, en s'en allant.*) Il me tarde de savoir par quel ingénieux moyen, ma charmante future a pu se tirer d'un si mauvais pas!... Trente bandits tombant endormis à ses pieds!... Depuis la Belle au Bois Dormant, on n'a rien vu de pareil! (*Il sort en riant.*)

SCÈNE II

SUZANNE, SATURNIN.

SUZANNE.

Et vous, m'sieu Saturnin, est-ce que vous n'allez pas vous habiller aussi?

SATURNIN, *hésitant, avec embarras.*

Oui, oui, mam'zelle... mais... c'est que... je voudrais bien savoir...

SUZANNE.

Quoi? Dites vite ?

SATURNIN, *confidentiellement.*

Là... franchement, mam'zelle Suzanne, est-ce que... après l'aventure d'hier soir, vous aurez le courage d'aller chercher... votre bruyère?

SUZANNE, *irritée.*

Ah ! encore !...

DUETTO.

SUZANNE, *avec dignité.*

M'sieu Saturnin !

SATURNIN, *timidement.*

Mam'zelle Suzanne?

SUZANNE

Mais vous m'interrogez, je crois?

SATURNIN, *idem.*

Ah ! vous croyez ?...

SUZANNE.

Pour la seconde fois,
Sur de simples soupçons, vous me cherchez chicane?

SATURNIN, *s'en défendant.*

Ah ! par exemple !...

SUZANNE.

Eh bien, expliquons-nous,
Pour que vous n'ayiez plus de doutes.

SATURNIN.

Mais...

SUZANNE, *l'interrompant.*

A l'instant!... une fois pour toutes!
Car je n'épouserai, moi, jamais un jaloux!

SATURNIN.

Mais c'est par excès de tendresse!

SUZANNE, *sans l'écouter.*

Quoi! Vous me soupçonnez sans cesse
Tantôt c'est ceci,
Tantôt c'est cela!

(*L'imitant*).

Vous venez de Paris, mam'zelle
Où l'on n'est pas toujours fidèle
Qu'avez-vous fait par ci...
D'où sortez-vous par là?...

(*se montant*)

Vous doutez de mon innocence?

SATURNIN, *protestant.*

Oh!

SUZANNE, *continuant.*

Vous doutez de ma vertu?
Vous doutez de ma résistance
Malgré ce que vous avez vu!
Vous doutez, c'est vot' caractère,
De tout!... et si bien qu'à mon tour,
Je ne vous en fais pas mystère
Je doute, moi, de votre amour.

SATURNIN.

J'ai tort, j'ai tort, je le confesse;
Mais c'est par excès de tendresse,

Parlez-donc, en rira
Qui voudra,
Je serai... ce qu'il vous plaira.

ENSEMBLE

SUZANNE.

Il est des époux
Amoureux et doux,
Sans impatience
Et sans défiance,
Toujours complaisants
Même obéissants !
Or, moi, faible femme,
C'est un parti pris,
Je veux, je réclame
Un de ces maris !

SATURNIN.

Calmez ce courroux !
Je serai pour vous,
Sans impatience
Et sans défiance,
Toujours complaisant
Même obéissant !
Oui, je le proclame
Car je l'ai compris
Je s'rai pour ma femme
Un de ces maris !

SUZANNE.

Maintenant, allez vous habiller. Dès que madame n'aura plus besoin de moi, j'irai vous rejoindre et nous nous rendrons ensemble à la cérémonie.

SATURNIN, *avec joie.*

Ensemble ?... Oh ! merci, merci !... Alors... vous ne m'en voulez plus ?

SUZANNE.

Non, et la preuve...

(Elle lui tend la main avec dignité pour qu'il l'embrasse, mais elle la lui présente ouverte et du côté de la paume.)

SATURNIN, *étonné.*

Quoi ?

SUZANNE, *secouant la main.*

Allez donc !... Ça se fait !

SATURNIN, *comprenant.*

Ah ! oui... mais je crois que c'est pas de ce côté-là ?

SUZANNE.

C'est juste ! (*elle retourne sa main que Saturnin porte à ses lèvres*) Allez vite !

(Saturnin sort).

SCÈNE III.

SUZANNE, LA DUCHESSE, puis SATURNIN.

LA DUCHESSE.

Eh bien ! Suzanne, qu'as-tu appris ?

SUZANNE.

Hélas ! rien, madame. On a fouillé toutes les ruines... plus personne !... On est allé deux fois au presbytère, personne !

LA DUCHESSE, *émue*.

Ah !... ainsi ce jeune homme...

SUZANNE.

Disparu ! Oh ! ils l'ont emmené avec eux !

LA DUCHESSE.

Voilà ce que je craignais !...

SUZANNE.

Je pensais à une chose... Si madame écrivait à son oncle... qui est Gouverneur de la Province ? Il pourrait peut-être...

LA DUCHESSE.

Oui... oui... tu as raison.

Elle va vers la table).

SATURNIN, *rentrant*.

M'ame la Duchesse ?

LA DUCHESSE, *assise*.

Que voulez-vous ?

SATURNIN.

C'est pas moi, m'ame la Duchesse, c'est un particulier qui est là, avec un grand manteau, un grand chapeau... et un air...

LA DUCHESSE.

Un grand air ?

SATURNIN.

Oh non ! Oh non ! au contraire.

LA DUCHESSE.

Et que désire-t-il ?

SATURNIN.

Parler à m'ame la Duchesse... et à elle seule.

SUZANNE, *vivement.*

Par exemple ! il ne faut pas madame, il ne faut pas !

LA DUCHESSE.

Pourquoi donc ?

SUZANNE.

Si c'était un des... d'hier soir...

LA DUCHESSE.

Raison de plus... il nous apprendrait peut-être... (*à Saturnin*) Qu'il entre !

SCÈNE IV

LA DUCHESSE, SUZANNE, SATURNIN, GRÉGORIO

GRÉGORIO, *paraît au fond, il ouvre son manteau et salue respectueusement la Duchesse.*

Madame !

SUZANNE, *bas.*

Juste ciel ! c'est le chef !... je le reconnais.

LA DUCHESSE.

Moi aussi... laisse-nous.

SUZANNE.

Vous laisser...

LA DUCHESSE.

Oui. Qu'ai-je à craindre? Nous sommes en force au château. Va donc !...

GRÉGORIO, *avec impatience, à Suzanne et à Saturnin.*

Eh bien ! vous n'avez pas entendu ?

SUZANNE, *effrayée.*

Nous partons ?

SATURNIN.

On s'en va ! (*à part d'un air de mépris*) Trente contre une ! ah ! (*Grégorio fait un pas vers lui, il recule vivement.*) On s'en va. (*en sortant*) C'est égal... j'ai une idée... je vais prévenir M. le Vicomte.

(Il sort avec Suzanne.)

SCÈNE V

LA DUCHESSE, GRÉGORIO

LA DUCHESSE.

Parlez ; que voulez-vous ?

GRÉGORIO.

Madame la Duchesse se souvient de l'hospitalité que nous avons eu l'honneur de lui offrir, hier, pendant l'orage ?

LA DUCHESSE, *avec ironie.*

L'hospitalité ?

GRÉGORIO.

Je viens réclamer, à mon tour, un petit service de madame la Duchesse.

LA DUCHESSE, *de même.*

En vérité ?

GRÉGORIO.

Nos marchandises sont en sureté... mais nous avons eu, à ce sujet... un petit... malentendu avec la Douane.

LA DUCHESSE.

Ah ! vous appelez cela... un malentendu ?

GRÉGORIO.

C'est la vérité. Malheureusement, à la suite de cette rencontre, votre oncle, qui est gouverneur de la province, à envoyé des troupes de Bayonne, et, à l'heure qu'il est, la frontière est tellement bien gardée, qu'il nous serait impossible de rentrer en Espagne, sans un petit... sauf-conduit.

LA DUCHESSE.

Et que puis-je faire à celà ?

GRÉGORIO.

Il suffirait d'une lettre que madame écrirait à son oncle le gouverneur, et dans laquelle elle voudrait bien appuyer mon témoignage.

LA DUCHESSE, *de même.*

Une lettre de moi ! Avez-vous perdu la raison ?

GRÉGORIO.

Voilà le service que j'étais venu solliciter... (*arrêtant la Duchesse qui veut l'interrompre*). Pardon !... en échange de celui que je viens rendre à madame la Duchesse. Elle est bonne, compatissante, et n'est-ce pas aller au devant de ses désirs que de lui offrir l'occasion de sauver les jours d'un pauvre jeune homme.

LA DUCHESSE, *à part.*

Ah ! je comprends ! (*Haut.*) Je ne vous comprends pas?

GRÉGORIO, *de même.*

Un jeune homme de cœur... qui, hier, était prêt à donner sa vie pour elle !

LA DUCHESSE, *vivement.*

Serait-il donc en danger? Parlez? Ce jeune homme, où est-il?

GRÉGORIO.

Entre les mains de mes compagnons, qui sont prêts à lui rendre la liberté... en échange de cette lettre... que je leur ai promise... et ces gaillards-là sont d'une impatience... (*Allant à la table et préparant du papier.*) Vous avez pu en juger hier... si je n'étais pas arrivé!... (*Examinant une plume.*) Ah! mauvaise, mauvaise! (*Il prend un canif et se remet à la tailler pendant ce qui suit.*) Madame la Duchesse se rappelle que le jeune Réné est assez compromis dans cette malheureuse affaire?

LA DUCHESSE.

Lui?

GRÉGORIO.

Eh! sans doute : qui donc nous a introduits au presbytère? A qui devons-nous d'être rentrés en possession de nos dentelles?

LA DUCHESSE.

Mais c'est par la menace, par la violence...

GRÉGORIO.

Lui... céder à des menaces? Allons donc! il bravait mes ordres, il allait se faire tuer! mais une voix plus puissante sur son cœur que la mienne... (*Mouvement de la Duchesse*) Cette voix s'est fait entendre .. et seulement alors il est parti.

LA DUCHESSE, *à elle-même.*

C'est vrai?

GRÉGORIO.

Il a obéi, sans réfléchir qu'il devenait notre complice.

LA DUCHESSE, *à elle-même.*

C'est vrai!

AIR

GRÉGORIO, *avec douceur.*

Madame, à deux genoux,
Pour notre offense,
J'implore ici, de vous,

Un élan de clémence?
Ah! par pitié, daignez prendre aujourd'hui
Notre défense?
Si ce n'est pas pour nous, ah! que ce soit pour lui!

Ah! rendez-nous à notre belle Espagne,
A ses forêts, à son ciel toujours bleu!
Ah! rendez-nous notre chère montagne...
Et notre Espagne
Au ciel d'azur... et son soleil de feu!

Madame, à deux genoux, etc.

LA DUCHESSE.

Mais, si je consens à vous donner cette lettre, qui me répond de votre bonne foi?

GRÉGORIO, *allant ouvrir la fenêtre.*

Voyez-vous ce taillis, là-bas? Eh bien, il suffit que, de cette fenêtre, je fasse un signe, et le prisonnier sera libre à l'instant. Je vous le jure sur mon honneur!

LA DUCHESSE, *avec ironie.*

Sur votre honneur? La garantie est bien précaire!

GRÉGORIO, *gaiement.*

Dame... que voulez-vous? Je n'ai rien de mieux à vous offrir.

LA DUCHESSE, *s'asseyant devant la table pour écrire.*

Allons, soit! que faut-il écrire au gouverneur?

GRÉGORIO, *comme s'il dictait pendant que la Duchesse écrit.*

Il s'agit d'un malentendu... d'une erreur. De braves gens en ont été victimes. Vous vous faites leur caution et demandez pour eux un sauf-conduit?

LA DUCHESSE, *qui a écrit, pliant la lettre et se levant.*

Voilà qui est fait.

GRÉGORIO, *voulant prendre la lettre.*

Ah! madame, que de reconnaissance!

LA DUCHESSE, *la retirant.*

Un instant!

GRÉGORIO, *comprenant.*

Ah! c'est juste! (*Il va à la fenêtre et fait un signe au dehors.*) Il est libre! Il s'élance! (*Prenant la lettre et montrant la fenêtre.*) Vous le voyez... donnant, donnant. (*Apercevant Réné qui a paru au fond.*) Le voici.

LA DUCHESSE, *émue, à part.*

Lui!

GRÉGORIO, *à Réné.*

Jeune homme, remerciez madame... Vous lui devez la vie, en attendant que vous lui deviez... (*S'arrêtant sur un geste orgueilleux de la Duchesse et saluant*) ce qu'il plaira à madame de vous accorder.

(Il salue de nouveau et sort.)

SCÈNE VI

RÉNÉ, LA DUCHESSE.

RÉNÉ, *timidement.*

Pardonnez à mon trouble, à mon émotion... mais je ne pouvais partir ainsi sans vous voir, sans vous remercier. Ces hommes m'ont tout appris : vous êtes une grande dame, la Duchesse de Kervan, je vous dois la vie!

LA DUCHESSE

Je n'ai fait que mon devoir, monsieur de Mauléon, car c'est moi qui suis la cause de tous vos chagrins. Je devais, autant que possible, me faire pardonner. J'ai aggravé ma faute, hier, par une étourderie dont je m'accuse.

RÉNÉ.

Oh! madame.

LA DUCHESSE

Vous m'aimez, je le sais, et vous me l'avez prouvé. Mais

ainsi que je vous l'ai dit, un peu légèrement peut-être, un obstacle insurmontable nous sépare.

RÉNÉ

Un obstacle ?

LA DUCHESSE

Un serment inviolable ! Oubliez-moi donc.

RÉNÉ

Ah ! qu'exigez-vous de moi !

LA DUCHESSE

Quittez ce pays, et tenez la promesse que vous avez faite à la Fée des Bruyères. Suivez la carrière des armes ? Ah je serai fière de vos succès !

RÉNÉ

J'obéirai, madame, et si je ne puis vous consacrer ma vie, je saurai mourir digne de vous !

LA DUCHESSE, *vivement.*

Mourir ! Oh non ! Réné, je vous le défends ! Mais partez! Il le faut ! Adieu !

RÉNÉ

Adieu donc, madame, adieu. (Il sort vivement)

SCÈNE VII

LA DUCHESSE, GASTON, puis GRÉGORIO.

LA DUCHESSE

Il est parti ! Ah ! comme il m'aime ! et moi !

(Elle chancelle et se retient au dossier d'un fauteuil).

GASTON, *entrant, et courant à elle.*

Grand Dieu, madame... Qu'avez-vous ?

LA DUCHESSE, *à part, se remettant.*

Gaston !

GASTON

Ah ! je comprends... je devine... l'indignation, l'effroi... Cet homme, ce bandit, qui a osé pénétrer jusqu'à vous...

LA DUCHESSE

Oui... oui... c'est cela.

GASTON

Mais rassurez-vous, il paiera cher son audace... justice sera faite mes ordres sont donnés...

LA DUCHESSE.

Que voulez-vous dire ?

(La petite porte de gauche se r'ouvre brusquement et Grégorio parait).

LA DUCHESSE.

Dieu ! encore lui !

GRÉGORIO

Ah ! madame, c'est mal. J'avais agi loyalement... et quand je veux m'éloigner, je trouve toutes les issues gardées.

GASTON

Ah ! Ah ! cela vous contrarie, mon maitre ?

GRÉGORIO

C'est à madame que j'ai l'honneur de parler. *(à la Duchesse)* Voici votre lettre de recommandation, madame.

GASTON

Quoi ! il ose dire !...

LA DUCHESSE, *la refusant.*

Il dit la vérité.

GASTON

Je n'y comprends rien ?

GRÉGORIO

Inutile, inutile ! Veuillez seulement donner contr'ordre à vos gens.

GASTON

Hein !... Je crois que le drôle se permet de commander !

LA DUCHESSE.

Allez, Vicomte. dites que j'entends que cet homme puisse s'éloigner librement.

GASTON.

Sérieusement... vous voulez ?...

LA DUCHESSE.

J'ai donné ma parole. Allez donc !... je vous en prie... je l'exige !

GASTON.

Puisque vous l'exigez... (*à part*) Ma future... d'intelligence avec ces bandits... Ah ! (*Sur un signe de la Duchesse*). Il suffit ! (*il sort*).

SCÈNE VIII

LA DUCHESSE, GREGORIO

GRÉGORIO.

Je vois, madame, que tout ceci n'est encore... qu'un malentendu, et que vous étiez prête à exécuter loyalement notre marché. Permettez-moi donc, de vous en offrir les épingles. (Il lui présente une lettre décachetée).

LA DUCHESSE.

Une lettre pour moi ?

GRÉGORIO.

Une lettre qui a été interceptée hier, par des vedettes que j'avais fait placer sur la route. Tout-à-l'heure j'ai oublié de vous la donner. Mais, rassurez-vous, en m'apercevant de cet oubli, je vous l'aurais fait parvenir à tout prix, car je crois qu'elle vous intéressera. (*Fausse sortie.*) C'est un courrier qui l'apportait ici, au château. — Je crois qu'elle vous intéressera, (*saluant*) Madame.

(Il sort).

LA DUCHESSE, *seule*.

Que veut-il dire ? (*lisant*) « à M. le vicomte Gaston de Kervannes ». Cette lettre n'est pas pour moi... elle est décachetée... et l'insistance de cet homme... son air mystérieux... voyons... (*lisant*) mon Dieu serait-il vrai !... Oh ! ce serait trop de bonheur ! Gaston n'est pas veuf ? Cette femme qu'il croyait morte existe encore... mais alors il ne peut m'épouser.

SUZANNE, *accourant*.

Madame, madame... le cortège va partir, et vous n'êtes pas même habillée.

LA DUCHESSE, *agitée et joyeuse*.

Oui, viens, viens ! quand le bonheur nous sourit enfin, il ne faut pas le faire attendre. Viens vite ?
Elles sortent). (Changement à vue).

DEUXIÈME TABLEAU

même décor qu'au premier acte.

SCÈNE PREMIÈRE

RÉNÉ, seul.

Au lever du rideau, Réné paraît : il est en costume de voyage et porte l'épée. Il regarde autour de lui en donnant des marques d'émotion et de regrets).

CAVATINE

La compagne rêvée
L'idéal des amours
Après l'avoir trouvée
Je la perds pour toujours !

Sous son léger vêtement blanc
De fleurs de bruyères coiffée
Elle s'avançait d'un pas lent...
O la douce et charmante fée !

Cher passé d'un cœur amoureux
De mon bonheur, divine image
O reviens, enivrant mirage
Reviens comme en un songe heureux.

Mais c'est en vain que je l'appelle
Et mes regrets sont superflus !
Il faut aller vivre loin d'elle...
Hélas ! je ne la verrai plus !

La compagne rêvée etc.

SCÈNE II

SUZANNE, RÉNÉ, puis GASTON

SUZANNE

Eh bien, monsieur Réné vous êtes donc toujours décidé à partir ?

RÉNÉ

Il le faut, elle l'ordonne !

SUZANNE, *à demi-voix.*

Vous avez joliment tort, allez ! car on s'intéresse à vous. on vous aime ! Ne partez pas avant la fin de la cérémonie.

GASTON, *au fond, regardant.*

Je crois que je serai fort bien pour assister à la comédie.

SUZANNE, *sur le devant de la scène, à Réné.*

Restez, vous dis-je ! Elle n'aime pas ce Vicomte, elle ne peut pas le souffrir.

GASTON, *s'arrêtant et écoutant.*

Hein !

SUZANNE.

Et cela se comprend !... Un mauvais sujet qui avait épousé une danseuse !

GASTON, *se cachant pour écouter, à part.*

Charmant portrait !

SUZANNE.

Ma pauvre maîtresse !... il la rendra malheureuse !

SATURNIN, *accourant.*

Mais venez donc vous joindre au co tège, mademoiselle Suzanne ; voici toutes les jeunes filles du village qui arrivent (*Ils sortent*).

SCÈNE III

RÉNÉ, *se croyant seul.*

Malheureuse ? elle !... et par lui ! Ah si je le croyais ?.

GASTON, *s'avançant.*

Que feriez-vous ?

RÉNÉ.

Je resterais monsieur pour la protéger, pour la défendre.

GASTON.

Et comment s'il vous plait ?

RÉNÉ.

Comme un homme qui a le droit de porter une épée.

GASTON.

Tiens, c'est ma foi vrai, vous avez là quelque chose comme une pée. Je vous en fais mon compliment monsieur, mais encore faut-il savoir s'en servir... Le savez-vous ?

RÉNÉ.

Il ne tient qu'à vous de l'apprendre.

GASTON.

Comment donc avec plaisir, et si je puis vous donner une leçon...

ENSEMBLE.

En garde et craignez ma colère
Vous allez prendre une leçon
Dont vous vous souviendrez, j'espère.
Je vais vous corriger de la bonne façon.

SCÈNE IV

LES PRÉCÉDENTS, SUZANNE, SATURNIN, LE CHŒUR, puis la DUCHESSE

SATURNIN, *accourant joyeux en élevant une branche de bruyère.*

Fraîche! fleurie!... (*Apercevant les duellistes.*) Au secours

SUZANNE

Ah grands dieux! un duel!

TOUS, *à Gaston et à René, avec colère.*

Bas les armes, téméraires...
Malheureux, y songez-vous?
Ah? redoutez le courroux
De la Dame des Bruyères.

LA DUCHESSE, *en costume de Velléda et voilée, apparait, descendant l'escalier de la grotte, sur la plate-forme du rocher. Elle étend la main vers Gaston et René :*

Arrêtez?

TOUS, *se prosternant.*

Ah! c'est elle, la voici?

LA DUCHESSE.

Bas les armes ici
Et que chacun, à l'instant même,
Ecoute mon ordre suprême.

(*S'adressant à Gaston*).

Gaston de Kervan, c'est à toi
Que d'abord je m'adresse,
Sans enfreindre une juste loi,
Apprends que tu ne peux épouser la Duchesse.
Ta femme existe encor?

GASTON, *surpris.*

Ma femme!

LA DUCHESSE, *lui remettant la lettre de Grégorio.*

Prends et lis?

GASTON, *la prenant.*

Ma femme existe encor! malgré moi je pâlis!

(Lisant sur la musique, qui continue à l'orchestre).

« Mon cher époux, je me suis fait passer pour morte,
« c'était mon intérêt. Aujourd'hui, je suis encore ruinée...
« et je ressuscite pour vous demander les moyens de vivre.
« Vous allez, paraît-il, disposer d'une grande fortune...
« Faites bien les choses, et vous n'entendrez plus jamais
« parler de moi ».

LA DUCHESSE, *à Gaston.*

Accepte donc, car je partage
Avec toi, mon riche héritage.

GASTON.

J'accepte, il le faut bien!
Car c'est le seul moyen
D'être délivré de ma femme!

LA DUCHESSE.

Et vous, sur la Fée ou la Dame,
Fillettes, vous pouvez compter
De cent écus, chacune, elle va vous doter.

(Elle relève son voile et remet à Suzanne des bourses pleines d'or, que celle-ci distribue).

LA DUCHESSE, *qui est descendue, s'approchant.*

La Fée, ici va disparaître
Simple mortelle comme vous,
Je vais aussi prendre un époux,
Et cet époux, Réné, voulez-vous l'être?

RÉNÉ, *à ses pieds.*

Ah ! c'est un rêve de bonheur?...

TOUS.

Pour lui, quel honneur ?

(à la Duchesse).

Que de reconnaissance
Méritent vos bienfaits,
Voyez, pour votre récompense,
Les heureux que vous avez faits.

FIN DE LA PIÈCE

PARIS

IMPRIMERIE DE E.

39, 40 et 41, passage du